Jean-Louis Muller

Caderno de exercícios para descobrir o segredo da manhã

Ilustrações de Jean Augagneur
Tradução de Idalina Lopes

EDITORA VOZES
Petrópolis

© Éditions Jouvence S.A., 2016
Route de Florissant, 97
CH-1206 Genève
http://www.editions-jouvence.com
info@editions-jouvence.com

Tradução do original em francês
intitulado *Petit cahier d'exercices.
Allez! Hop! Debout.*

Direitos de publicação em língua
portuguesa — Brasil:
2025, Editora Vozes Ltda.
Rua Frei Luís, 100
25689-900 — Petrópolis, RJ
www.vozes.com.br
Brasil

Todos os direitos reservados.
Nenhuma parte desta obra poderá
ser reproduzida ou transmitida por
qualquer forma e/ou quaisquer meios
(eletrônico ou mecânico, incluindo
fotocópia e gravação) ou arquivada
em qualquer sistema ou banco de
dados sem permissão escrita da
editora.

CONSELHO EDITORIAL
Diretor
Volney J. Berkenbrock

Editores
Aline dos Santos Carneiro
Edrian Josué Pasini
Marilac Loraine Oleniki
Welder Lancieri Marchini

Conselheiros
Elói Dionísio Piva
Francisco Morás
Gilberto Gonçalves Garcia
Ludovico Garmus
Teobaldo Heidemann

Secretário executivo
Leonardo A.R.T. dos Santos

PRODUÇÃO EDITORIAL
Aline L.R. de Barros
Jailson Scota
Marcelo Telles
Mirela de Oliveira
Natália França
Otaviano M. Cunha
Priscilla A.F. Alves
Rafael de Oliveira
Samuel Rezende
Vanessa Luz
Verônica M. Guedes

Editoração: Piero Kanaan
Diagramação: Sheilandre Desenv. Gráfico
Revisão gráfica: Jhary Artiolli
Capa/ilustrações: Jean Augagneur
Arte-finalização: Editora Vozes

ISBN 978-85-326-7089-2 (Brasil)
ISBN 978-2-88911-761-1 (Suíça)

Este livro foi composto e impresso
pela Editora Vozes Ltda.

Dados Internacionais de Catalogação na Publicação (CIP)
(Câmara Brasileira do Livro, SP, Brasil)

Muller,
Jean-Louis
    Caderno de exercícios para descobrir o segredo da manhã / Jean-Louis
Muller ; ilustrações de Jean Augagneur ; tradução de Idalina Lopes. —
Petrópolis, RJ : Vozes, 2025. — (Coleção praticando o bem-estar)

    Título original: Petit cahier d'exercices. Allez! Hop! Debout!

    ISBN 978-85-326-7089-2

    1. Autoconhecimento (Psicologia)   2. Exercícios   Mudança de
comportamento I. Augagneur, Jean.
II. Título. III Série.

24-230839

CDD-158.1

Índices para catálogo sistemático:
1. Autoconhecimento : Psicologia aplicada 158.1

Eliane de Freitas Leite - Bibliotecária - CRB 8/8415

Introdução

O famoso provérbio "Deus ajuda quem cedo madruga" é dito desde a Antiguidade em todas as culturas. O nascer do Sol originou e ainda origina cultos no Egito, entre os maias e os incas, no Japão, entre os monges budistas, os animistas, nas religiões monoteístas e em muitas outras tradições.

Antes da modernidade, os ciclos da natureza ritmavam os atos sociais e humanos. Desde a invenção da eletricidade, que ilumina nossos dias e noites, até a dos transportes de alta

velocidade, do acesso instantâneo à informação e da organização do trabalho baseada na otimização da produção, muitos são os que perdem o vínculo com os ritmos naturais e têm a desagradável impressão de que o tempo é um tormento. As insônias e a sonolência representam os dois primeiros sinais dessa disfunção. Essas pessoas precisam de mudança, e este caderno de exercícios pode realmente ajudá-las.

Em 2012, vários estudos norte-americanos, britânicos e franceses revelaram que **as pessoas matinais apresentam menos sintomas de estresse, ansiedade e depressão do que as não matinais**; e aquelas que tomam um café da manhã tranquilo sofrem com menos frequência de sobrepeso. Esse tema foi responsável pelo recente sucesso do best-seller americano: **O milagre da manhã**, escrito por Hal Elrod! São inúmeros os depoimentos que confirmam os resultados benéficos do "levantar-se cedo". Aliás, a imprensa feminina é pródiga em artigos sobre o tema.

Você deseja **desenvolver seu capital-tempo? Pôr em prática novos projetos pessoais de que tanto gosta** e que está sempre adiando (a escrita de um livro, uma atividade manual, uma corrida a pé, um curso por correspondência etc.) Adotar um **ritmo de vida mais saudável?** Reservar **um tempo só para você?** Este caderno foi concebido para ajudá-l(a) **a colocar em prática o método de se levantar cedo!** Ele vem de pesquisas e de leituras de artigos científicos, de depoimentos analisados, de testes experimentados e de citações coletadas.

Divulgador - no sentido nobre da palavra - de boas práticas, eu convido você a focar em três objetivos principais:

1. Diagnosticar suas preferências e seus hábitos levando em consideração sua relação com o acordar e o sono;

2. Construir um plano de avanço adaptado à sua situação atual para viver os benefícios do levantar-se cedo;

3. Treiná-lo para organizar e consolidar novos bons hábitos.

Meu objetivo ao me interessar por este caderno de exercícios

➡ O que motivou meu interesse por este caderno?
➡ O que me levará a dizer que esse interesse foi acertado?
➡ Tenho um projeto em mente? Se sim, qual é? Se não, que projeto eu poderia realizar?

....
....
....
....
....
....
....
....
....
....
....
....
....
....
....
....
....

1º tempo
É fácil mudar nossos hábitos de acordar?

Para 20% de nós, a prática dos métodos recomendados aqui será fácil; 60% terão de se esforçar um pouco, sobretudo no início; por fim, será difícil para 20%, mas é algo que vale a pena considerando-se os benefícios alcançados.

Os resultados das pesquisas médicas e biológicas que abordam nossa relação com o tempo reconhecem três grandes categorias de ritmos circadianos, chamados "cronotipos". Esses três cronotipos são: matutino; diurno e noturno.

Podemos agir sobre nosso cronotipo

O cronotipo de cada um é relativamente estável e determinado por nossos genes, nossa psicologia e nossa vida profissional e social. Ele varia ao longo do tempo: as crianças pequenas acordam cedo, os adolescentes preferem ficar acordados até bem tarde, o adulto adapta seu ritmo de vida a obrigações familiares e profissionais, e mais ou menos depois dos 60 anos, a maioria de nós volta a ser matutino.

Qual é meu cronotipo dominante?

Apresento dez situações da vida cotidiana. Cada uma é acompanhada de três escolhas: qual seria a sua?

Anotar
10 pontos: sua primeira escolha;
5 pontos: aquela que poderia "a rigor" lhe convir;
0 pontos: a escolha restante.

1. Quero ver um filme:
   A: Prefiro a última sessão, a das 22 horas: tem menos gente.
   B: Escolho a primeira sessão: é a mais barata.
   C: Prefiro ir ao cinema à tarde.

2. Minha escolha profissional ideal seria:
   A: Trabalhar numa empresa pequena, próxima a uma cidade pequena, onde se chega cedo e se sai cedo.
   B: Trabalhar nos horários "tradicionais" de escritório.
   C: Exercer uma profissão itinerante.

3. Para meu lazer, minha tendência é:
   A: Cuidar de mim e do meu corpo.
   B: Festejar com frequência.
   C: Sair só no fim de semana e nas férias.

4. Preciso dedicar 90 minutos a um relatório importante.
   A: Faço isso pouco antes ou logo depois do almoço.
   B: Eu me isolo, logo de manhã, antes que os colegas cheguem.
   C: Eu me isolo à noite, depois que meus colegas se foram.

5. Quando se trata de alimentação, acho que é preciso...
   A: Acima de tudo, fazer boas refeições à noite, pois é mais saudável.
   B: Café da manhã como um rei, almoço como um príncipe e jantar como um monge.
   C: Equilibrar a ingestão calórica e beber com moderação.

6. Qual seria meu lema favorito?
   A: A noite é boa conselheira.
   B: O mundo é de quem acorda cedo.
   C: Para viver feliz, o melhor é ficar em casa.

7. Se eu fosse um pássaro, seria...
   A: Uma gaivota.
   B: Um galo.
   C: Uma coruja.

8. Minhas cores favoritas do céu?
   A: As variações das cores ao longo do dia.
   B: O pôr do sol e o desaparecimento gradual da luminosidade.
   C: O nascer do sol.

9. Para mim, dormir é...
   A: Uma perda de tempo.
   B: Uma necessidade.
   C: Um alívio.

10. Acordo às 6 da manhã, mas normalmente levanto-me mais tarde.
   A: Fico sob as cobertas.
   B: Ouço música ou notícias na cama.
   C: Aproveito para meditar ou fazer ginástica.

Resultados

	Matutino	Diurno	Noturno
1	B	C	A
2	A	B	C
3	A	C	B
4	B	A	C
5	B	C	A
6	B	C	A
7	B	A	C
8	C	A	B
9	A	B	C
10	C	B	A
	Total	Total	Total

O que fazer com esses resultados?

Seus resultados – que provavelmente não o surpreendem – deixam claro seu grau de dificuldade para "se levantar cedo".

Três níveis de dificuldades se destacam:

Mais fácil
Mais de 50 pontos para "matutino" e menos de 50 para os outros dois cronotipos.

Difícil
50 pontos para "diurno", 30 para "matutino" e 20 para "noturno".

Muito difícil
50 ou mais para "noturno" e 50 ou menos para os outros dois cronotipos.

É claro que você pode decidir não fazer nada para se levantar cedo. Então leia este caderno por simples curiosidade.

Este caderno não faz milagres!

O cronotipo depende de seus genes, de sua psicologia — especialmente de sua motivação para mudar — e de seu entorno. Existem obstáculos reais que podem deixar mais lenta, ou mesmo impossibilitar, qualquer evolução na direção do "levantar-se cedo". Se você estiver realmente motivado(a), precisará se adaptar e se organizar em função de sua situação.

Freios psicológicos	Freios do entorno
- Gosto muito de sair à noite; - Adoro dançar e ouvir música até muito tarde; - Acima de tudo, sou um ser sociável e amigável; - Acordar mais cedo do que de costume é um sinal de estresse para mim; - Não desejo programar meu tempo; - Gosto do imprevisto e dos encontros inusitados; - Não suporto as restrições.	- Trabalho em turnos, no final da tarde ou à noite; - Sou obrigado a me levantar cedo, pois levo mais de uma hora para ir e para voltar do trabalho; - Não escolho meus horários; - Meu parceiro começa tarde e volta tarde; - Moro num bairro muito barulhento; - No final do dia, tenho de ajudar meus filhos nas tarefas da escola; - Estou desempregado há mais de um ano.

Somam-se a isso dados médicos como transtornos do sono, insônia e sonolência. Claro que os efeitos de uma depressão ou de um *burnout* não ajudam a viver a vida ao máximo. Mas é possível avançar passo a passo.

Seu plano de progressão personalizado!

Você está começando do nível fácil

Como já está acostumad(a) a se levantar cedo, para você é só uma questão de otimizar essa capacidade. Aproveite esse tempo disponível para cuidar de você.

Por exemplo (várias opções possíveis em função do tempo que você tem pela frente):

→ Tomar o café da manhã sozinho e em paz;
→ Contemplar o nascer do sol;
→ Correr ou andar por 45 minutos;
→ Ler;
→ Ouvir música;
→ Programar as atividades do dia;
→ Fazer um balanço do dia anterior;
→ Cuidar do jardim;
→ Sonhar acordado;
→ Meditar;
→ Rezar;
→ Fazer ioga ou ginástica;
→ Tomar um banho de banheira;
→ Arrumar a casa;
→ Fazer suas tarefas domésticas.

O prazer é o critério de escolha mais importante. As tarefas desagradáveis talvez tirem seu prazer de se levantar cedo, e talvez os comentários de seu círculo familiar ("uma moda que vai passar...") desanimem você.

Se for esse o meu caso

➡ A que horas eu acordo atualmente?
➡ A que horas desejo me levantar?
➡ Quando vou começar?
➡ Que atividade prazerosa vou escolher?
➡ O que pode me incomodar?
➡ O que pode me ajudar?

Você está começando do nível difícil

Seu programa é mais complexo porque mexe com suas rotinas. Você deve ser tenaz e corajoso(a), sobretudo sem o apoio das pessoas ao seu redor. A abordagem é mais fácil se o "levantar-se cedo" estiver associado a uma atividade prazerosa. Escolha uma, motivante, na lista das atividades agradáveis anteriores, e inicie rapidamente seu programa. Se possível, tire um cochilo de 20 minutos à tarde. Programe o jantar para meia hora antes de seu horário atual. A decisão de se levantar 1 hora ou 45 minutos mais cedo deve ser executada pelo menos nos três dias seguintes. A eficácia dessa abordagem de execução rápida está comprovada: "**as melhores mudanças começam com resultados imediatos**". Pois os indecisos adoram pensamentos como "eu deveria me levantar mais cedo"; "gostaria muito de me levantar mais cedo"; "há anos que me digo que deveria me levantar mais cedo". Exemplo dos tantos desejos entusiasmados que se perdem na areia movediça das eternas lamentações.

Você começa do nível muito difícil

O fato de se levantar cedo é para você uma verdadeira ruptura. Você vai desequilibrar várias esferas de sua vida. Você gosta de permanecer na cama de manhã e/ou ficar acordado até tarde da noite. Seus amigos e familiares (a) conhecem dessa forma e talvez não (a) entendam ou o apreciem mais. Porém se sua decisão for firme, confie em você e resista! Sua cronobiologia estará por um tempo desregulada, gerando efeitos colaterais como insônia, sonolência, irritabilidade. Recomendamos que faça as sete perguntas seguintes para preparar seu programa de "levantar-se cedo":

1. Eu realmente quero me levantar cedo?

2. Esse objetivo vale a pena ser alcançado?

3. Os benefícios esperados superam os inconvenientes?

4. Estou pronto para viver um período mais ou menos longo de reequilíbrio de minha vida?

5. Estou pronto para enfrentar as gozações e incompreensões de meus familiares?
6. Posso contar com o apoio das pessoas próximas?
7. Estou pronto para começar e avançar a partir da semana que vem?

Quanto mais responder "sim" tanto mais seu programa será evidentemente realista e concretizável. Se responder "não" a pelo menos cinco perguntas, meu conselho é que abandone, no momento, o projeto de "levantar-se cedo". É possível viver sem isso.

Para chegar a seus objetivos, você dispõe de **três táticas**. Partamos do exemplo de uma pessoa que se levanta habitualmente às 8 horas e que desejaria se levantar às 6 horas.

Tática suave e progressiva

Durante as duas próximas semanas, você se levantará às 7h45. Depois da segunda quinzena, às 7h30. E assim por diante durante oito quinzenas, ou seja, quatro meses. Não se contente em acordar mais cedo para não fazer nada. Aproveite para realizar atividades prazerosas. Você pode, para deixar ainda mais leve seu programa, ficar até mais tarde na cama uma vez por semana.

Tática forçada

Você sabe que, se não "pegar o touro pelos chifres", não vai conseguir. Durante dois meses, ganhe uma hora por dia, depois, nos dois meses seguintes, uma segunda hora. Desde o início de seu programa, escolha uma ocupação agradável e a mantenha. Tire uns cochilos de pelos menos 45 minutos para habituar seu corpo e sua biologia a essa ruptura. Durante esses quatro meses, deite-se sempre pelo menos uma hora mais cedo. Claro, a filosofia deste caderno supõe que você não tome nenhum medicamento para ajudá-lo. O "remédio" seria pior do que a doença.

Tática descompassada

Trata-se aqui de estabelecer rapidamente um novo ritmo circadiano (voltaremos a esse termo) trabalhando com os fusos horários. Para isso, é preciso ter alguns meios financeiros e tempo.

Você pode passar um mês numa praia cuja diferença de fuso horário seja de cinco horas em relação ao lugar onde mora. Quando for 6 horas da manhã nessa praia, será 11 horas em sua cidade. Então, quando se levantar às 6, **o dia estará amanhecendo, você poderá apreciar os cheiros, as paisagens e os sons da manhã**, ao passo que seu corpo já estará programado para às 11 horas. Você se levantará todos os dias às 6 horas e pronto. Convém em seguida continuar a se levantar nesse mesmo horário assim que voltar para sua cidade. Aguente por pelo menos uma semana, e isso se tornará um hábito.

Faça uma primeira experiência

Durante uma semana, levante-se uma hora mais cedo e deite-se uma hora mais cedo. Anote tudo o que se passa em sua cabeça bem como as reações das pessoas que o cercam.

No fim da semana, faça um primeiro balanço:
→ O que mudou para mim?
→ Estou melhor do que antes?
→ Estou pior?
→ Meu estresse aumentou ou diminuiu?
→ Fui encorajado pelos que me cercam?
→ Recebi gozações e críticas?
→ Quero continuar?

2º tempo
Os benefícios de se levantar cedo, antes dos outros

As cinco séries de benefícios de se levantar cedo

Os comportamentos humanos são muitas vezes guiados pela busca de benefícios que podemos ganhar ao adotá-los. Descubramos os benefícios do "levantar-se cedo" graças a um exercício, revisitando então as cinco grandes categorias de benefícios pessoais. Depois você classificará cada benefício específico em sua categoria.

Benefícios práticos
➜ Menos engarrafamentos, ou encontrar um lugar para se sentar nos transportes;
➜ Ganho de tempo;
➜ Melhor organização pessoal;
➜ Equilíbrio satisfatório entre a vida privada e a vida profissional.

Benefícios sociais
→ Reconhecimento dos outros;
→ Imagem social;
→ Boa rede de contatos;
→ Status e reputação.

Benefícios psicológicos
→ Prazer;
→ Evitar o tédio;
→ Sentir-se bem consigo e com os outros;
→ Aumento da autoestima.

Benefícios existenciais
→ Confirmação do "querer ser";
→ Sentido da vida;
→ Orgulho pessoal;
→ Autoafirmação.

Benefícios biológicos
→ Pouco ou nenhum estresse;
→ Boa saúde;
→ Resistência;
→ Reserva pessoal de energia.

Exercício:
Identificar os benefícios ao me levantar cedo

Recoloque cada um desses 25 benefícios específicos do "levantar-se cedo" em sua categoria. Coloque o número na coluna correspondente.

Práticos	Sociais	Psicológicos	Existenciais	Biológicos

1. Administro bem e otimizo minha agenda.
2. Vivo poucas situações urgentes.
3. Evito os engarrafamentos ou os transportes públicos lotados.
4. Cuido de mim.
5. As pessoas me consideram confiável.
6. Escolho meus momentos de solidão e de recarregar as baterias.
7. Estou feliz por contemplar o nascer do dia.
8. Permaneço calmo nos conflitos.
9. Melhoro meu equilíbrio alimentar.
10. Reflito antes de agir.
11. Dedico-me de manhã a atividades físicas.
12. As noites em que me deito tarde são bem escolhidas.
13. Muito raramente, ou mesmo nunca, estou atrasado.

14. Estou disponível para os outros, mesmo reservando períodos vagos para cuidar dos relatórios e dos problemas importantes.
15. Prefiro ser proativo do que reativo.
16. Meus amigos, familiares e colegas dizem que estou sempre em forma.
17. Estou encantado com as luzes e os sons particulares da natureza quando acordo.
18. Posso me dedicar aos meus familiares e aos meus filhos durante a noite.
19. Escolho os momentos para consultar minhas mensagens e a internet.
20. Bebo com moderação.
21. Recuso com facilidade os convites entediantes à noite.
22. Meus amigos me dizem que eles também gostariam de se levantar cedo, pois para eles pareço estar em forma.
23. Revejo minhas prioridades a cada mudança de minha vida.
24. Estou orgulhoso de tomar as rédeas da minha vida.
25. Estou contente de ter conseguido me levantar cedo, já que não era algo evidente.

A lista dos 25 benefícios acima é o resultado de entrevistas feitas com pessoas que conseguiram se levantar cedo há pelo menos seis meses. Esses benefícios são corroborados em inúmeros artigos para o público em geral e em revistas científicas.

Correção do exercícios sobre os benefícios

Práticos	Sociais	Psicológicos	Existenciais	Biológicos
1	5	7	6	2
3	14	15	8	4
12	16	17	10	9
13	18	21	23	11
19	22	25	24	20

3° tempo
Dez conselhos práticos para atingir seu objetivo

Comecemos pelos três depoimentos reais de pessoas conhecidas (mas que desejam manter o anonimato) que se lançaram num programa "matutino". Com certeza você descobrirá pontos comuns entre estas três descrições.

Três depoimentos

1º depoimento:

Homem, criador e desenvolvedor de startup

1. Acorda sem esforço entre 5h10 e 5h40;
2. Efetua o que ele chama de um banho interior: bebe uma mistura de água, limão e sal;
3. Caminha por 35 minutos, respirando profundamente para se oxigenar e ouvindo música;
4. Prepara um **smoothie** à base de 14 frutas e legumes e uma xícara de chá;
5. Faz 10 minutos de ginástica leve;
6. Toma um banho;

7. Escreve em seu **tablet** as três prioridades do dia;
8. Desloca-se para ir até o trabalho;
9. Começa a trabalhar às 8h30.

2º depoimento:
Mulher, executiva numa empresa e mãe de duas crianças

1. Acorda às 6 horas;
2. Medita durante 20 minutos, de preferência duas vezes por dia (às vezes não faz sua sessão da tarde), o que tem "um efeito inestimável em sua serenidade e lhe permite pensar mais claramente" [sic];

3. Pratica tai chi durante 20 minutos;
4. Toma um banho de banheira e se prepara ouvindo as notícias no rádio;
5. Lê uma revista na internet;
6. Seu marido se levanta às 7 horas e prepara o café da manhã;
7. Toma o café da manhã com os filhos e o marido às 7h30;
8. Alterna com o marido para levar os filhos à escola;
9. Chega ao escritório às 8h30.

3º depoimento:

Homem, jornalista e escritor - trabalha na maioria das vezes em casa e em encontros fora de casa

1. Acorda às 4h30;
2. Bebe água;
3. Estabelece suas prioridades do dia (as três tarefas mais importantes, em que pelo menos uma está relacionada com seu objetivo principal do momento, as outras quase sempre ligadas a seu trabalho);
4. Prepara o café da manhã para todos;
5. Toma seu café da manhã sozinho, lendo;
6. A cada dois dias, alterna atividades físicas (corrida, bicicleta, nado, musculação ou jardinagem) com a meditação;
7. Toma um banho;
8. Às 6h30, acorda sua esposa e seus filhos e ajuda as crianças a tomarem banho;
9. Às 7h30 começa a trabalhar em seu computador.

Exercício: encontre o intruso

Quais são, nesta lista de dez fatores de êxito, os intrusos que não fazem parte dela?

- [ ] 1. Levantar-se cedo é uma obrigação;
- [ ] 2. É importante se hidratar assim que acordar;
- [ ] 3. Os cônjuges e filhos são associados a esse modo de vida;
- [ ] 4. Levantar-se cedo é uma escolha;
- [ ] 5. É preciso começar com uma atividade física rápida e intensa;
- [ ] 6. Levantar-se cedo é uma rotina;
- [ ] 7. É preciso começar com uma atividade física lenta;
- [ ] 8. Um período de calma é preservado;
- [ ] 9. Não nos preocupamos com os problemas dos outros assim que acordamos;
- [ ] 10. Levantar-se cedo permite antecipar o resto do dia.

Solução:
Os intrusos são os fatores: 1, 5, 9.
Os fatores 2, 3, 4, 6, 7, 8, 10 são critérios de êxito.

Dez conselhos práticos para ter êxito

1. Deixar claro seu objetivo e antecipar a relação entre benefícios desejados e eventuais efeitos indesejados.

Responda claramente à pergunta: "Por que desejo me levantar cedo?" Avalie o que poderia mudar em sua vida se você tivesse mais tempo. Você quer praticar uma atividade física, meditar, fazer um curso, ler mais, escrever? Deseja se lançar nesse programa sozinho ou com alguém? Decida se o fato de se levantar mais cedo vale a pena.

Faça a lista dos benefícios que o(a) motivam e antecipe os efeitos secundários como os horários de trabalho, os deslocamentos, o acompanhamento das crianças à escola, o abandono de certas noitadas festivas…. Antecipe também as reações de seus familiares para preparar sua comunicação.

Resumo em cinco frases o sentido do meu projeto:

....

....

....

....

....

....

....

....

....

....

2. Informe e envolva as pessoas ao seu redor na sua abordagem. Faça um balanço regular para decidir sobre ações corretivas e preventivas.

Comece testando sua ideia com amigos de confiança e ouça seus comentários e sugestões. Em seguida, notifique os membros da família, principalmente esposa ou marido e filhos, se você mora com a família. Deixe-os saber que seu projeto é norteado pelo seu bem-estar e também pelo bem-estar deles. Explique para eles por que você está começando e quais são os benefícios esperados para você e para eles. Ouça seus comentários e sugestões e ajuste seu programa, se necessário. Se for preciso, determine com eles um novo horário matinal: hora de se levantar, tomar café da manhã, tomar banho, acompanhar até a escola.... Pense também numa nova distribuição de tarefas.

Depois fale com seus colegas e com seu gerente, especialmente se for possível para seu empregador variar seus horários.

Apresento em cinco frases os argumentos que quero usar com meus familiares:

....

....

....

....

....

....

....

3. Acorde na mesma hora todos os dias e coloque o despertador fora de alcance.
Depois de ter começado, permaneça por pelo menos três semanas sem se desviar dessa regra. Primeiro, use um despertador com som alto e depois reduza gradativamente a intensidade do som com uma música suave ou um toque discreto. Coloque o despertador longe da cama e levante-se assim que ele tocar. E, acima de tudo, não volte para a cama! Compre um despertador sem a função soneca ou use seu smartphone. Saia do quarto imediatamente.

A que horas vou me levantar? A partir de quando?

....
....
....
....
....
....
....

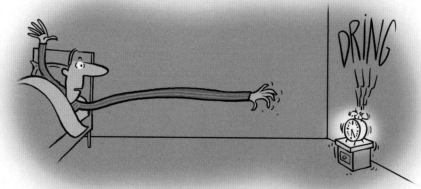

4. Ajuste o ar-condicionado para que a temperatura no seu quarto seja de 1 a 2°C mais baixa do que no resto da casa.

O calor do quarto prejudica o sono. Ele causa problemas de digestão, desidratação e sudorese. Convém regulá-lo de acordo com a temperatura dos demais ambientes. Confie no seu corpo. Para definir a temperatura adequada ao quarto, proceda por comparação. Feche a porta de seu quarto, baixando a temperatura em 2°C. Depois fique de 2 a 3 horas em outro cômodo aquecido de acordo com sua conveniência. Então entre no seu quarto: se sentir uma sensação boa de frescor, escolheu a temperatura certa.

Qual é a temperatura na minha casa? Qual temperatura mais fresca vou escolher para meu quarto?

....

5. Prepare uma garrafa térmica com alguma bebida e tenha água à disposição.

Uma boa hidratação é um dos principais critérios para o êxito. O álcool antes de dormir não hidrata, pelo contrário, resseca a boca. Beba um pouco de água, não muito, antes de dormir e hidrate-se abundantemente ao acordar. Pratique o "banho interno" de seu organismo com um líquido quente: uma infusão à sua escolha, um chá suave, água com limão, uma sopa leve… Você pode adicionar um copo de suco de fruta e um laticínio leve.

O uso da água também é fortemente recomendado após as atividades físicas matinais: uma ducha para quem tem pressa e um banho de banheira para quem quer pensar ou sonhar acordado.

Que bebida vou colocar na minha garrafa térmica?

Ducha ou banho de banheira?

6. Alterne atividades físicas e mentais todas as manhãs. Se tiver tempo, você pode começar com 20 a 30 minutos de exercícios físicos e depois dedicar a mesma quantidade de tempo a atividades mentais. Você também pode alternar uma manhã de atividades físicas e uma manhã de atividades mentais.

Escolha atividades físicas suaves e que desenvolvam a resistência, por exemplo, caminhar, nadar, correr lentamente, ginástica, ioga, tai chi…. As atividades mentais são meditação, palavras cruzadas, Sudoku, poesia, escrita…

Com que atividade física vou começar?
A que atividade mental vou me dedicar?
Vou fazê-las uma após a outra ou alterná-las todas as manhãs?

....
....
....
....
....
....
....
....
....
....
....

7. Reserve algum tempo para não fazer nada.
O raiar do dia, logo pela manhã, oferece muitas oportunidades de contemplação que satisfazem seus cinco sentidos: visão, para observar as cores do céu, as nuvens, a luz emergente na paisagem ou nos telhados da cidade; audição, para ouvir os sons particulares da natureza despertando, o canto dos pássaros, o murmúrio de um riacho, o som das ondas no quebra-mar; tato, ao pegar terra ou areia nas mãos, ao tocar um tecido ou a água; paladar, ao degustar um morango, uma cereja, uma rodela de abacaxi; olfato, ao sentir o perfume das flores, o iodo do mar e os odores do mercado surgindo pela manhã. Ofereça-se também o luxo de sonhar acordado.

Quais oportunidades para satisfazer meus cinco sentidos, a minha região, o lugar e o tipo de casa onde vivo me oferecem?

....
....
....
....
....
....
....
....

8. Tome um farto café da manhã e regule sua alimentação ao longo do dia.

Você já leu esta expressão popular numa lição anterior, mas a repito aqui: "Eu como de manhã como um rei, ao meio-dia como um príncipe e à noite como um monge". A facilidade para se levantar cedo pressupõe a aplicação desse preceito. Essa higiene alimentar permite tanto se levantar cedo com facilidade como também perder peso, se você tende a ganhar uns quilinhos. As calorias e as toxinas ingeridas à noite são eliminadas mais lentamente do que aquelas que foram assimiladas no início do dia. O abuso de álcool, por um lado, é perigoso para a saúde e, por outro lado, resseca o corpo durante o sono.

Meus hábitos alimentares atuais estão de acordo com esses conselhos?
Caso contrário, como vou mudá-los?
Como posso convencer meus familiares a me acompanharem no caminho dessa nova higiene alimentar?

....
....
....
....
....
....
....
....
....

9. À noite, prepare os assuntos do dia seguinte.
Deixe separada a roupa escolhida para o dia de amanhã. Coloque na bolsa ou na mochila os documentos úteis para seu trabalho. Limpe sua caixa de e-mail para dormir em paz. Se necessário, faça um checklist das atividades que deseja realizar amanhã de manhã e trace mentalmente as prioridades do dia. Não sei se esse termo lhe convém, mas o fato de conseguir se levantar cedo por um longo período é uma verdadeira disciplina de vida.

Em que lugar da casa deixarei minhas coisas para amanhã de manhã?
Usarei alguma ferramenta eletrônica ou um papel para anotar na véspera o que quero fazer no dia seguinte?
Em que horário fixo, final da tarde ou início da noite, olharei e arquivarei meus e-mails?

....
....
....
....
....
....
....
....

10. Dê a si mesmo(a) recompensas pela sua vontade de se levantar cedo.

Observe os atletas que conquistam uma vitória. Eles manifestam seu contentamento com um grito ou um gesto forte. É o famoso: "YESSSSS!" que evidencia um êxito. Faça o mesmo à medida que avança em seu plano de se levantar cedo. Ouse se parabenizar no fim da primeira semana. Organize um fim de semana romântico após três semanas de êxito. Dê a si mesmo(a) um ingresso de cinema, concerto ou teatro para se "autorrecompensar". Porém evite o "vamos brindar" com bebida alcoólica ou doces. Ambas as recompensas são contraproducentes e sabotam sua programação de se levantar cedo.

Compartilhe seus êxitos com amigos e familiares, e receba alguns elogios deles.

Qual meu plano para me "autorrecompensar"?
O que farei para receber verdadeiros cumprimentos?

....

....

....

....

....

....

....

....

....

....

....

O fato de decretar e de escolher se levantar cedo é necessário, mas não suficiente para conseguir realizá-lo.

Você encontrará momentos difíceis. Algumas manhãs você
relutará em sair da cama, outras, permanecerá nela. A vida
é assim...

A lista desses dez conselhos práticos é ao mesmo tempo uma soma de dificuldades e um recurso fabuloso.

4° tempo
Antecipar, para superá-los, os desequilíbrios induzidos pela mudança da hora de acordar

Levantar-se constantemente mais cedo do que o habitual desequilibra tanto nosso próprio funcionamento como nossas relações com os outros. Talvez algumas lembranças fortes nos levem então de volta à situação anterior. É melhor conhecê-las e antecipá-las.

Antecipação pessoal

Comecemos com uma experiência de introspecção respondendo a esta série de perguntas. Você pode consultar o que já havia respondido no final do prefácio.

1. Qual é meu objetivo com relação a me levantar cedo?
➡ A que horas quero me levantar?
➡ A partir de quando?
➡ Por quanto tempo?
➡ Quais são os principais benefícios esperados?

2. Com o quê e com quem posso contar para alcançar meus objetivos?

➡ Quais são minhas qualidades pessoais que me ajudarão?

➡ Quem são meus amigos e familiares que me encorajarão e me ajudarão?

3. Em quais outros elementos da minha vida devo concentrar minha atenção?

(Exemplos: horário de trabalho, transporte, café da manhã, hora de dormir etc.).

4. Quais são os prováveis efeitos indesejáveis, e também desejáveis, produzidos pela minha mudança no horário de acordar?

➡ No meu sono em geral;

➡ Na minha saúde;

➡ Nas minhas atividades;

➡ Nos meus compromissos sociais, políticos e associativos;

➡ Com minha família;

➡ Com meus amigos;

➡ Com meus colegas;

➡ Com meu chefe.

5. Como vou superar os efeitos indesejáveis?

Quais são os principais pontos de vigilância?

Descobrir potenciais efeitos indesejáveis, longe de desencorajar, aumenta a lucidez. Aqui nos referimos ao velho ditado: "Um homem - ou uma mulher - prevenido vale por dois".

O sono

A necessidade de sono varia de pessoa para pessoa. Algumas ficam satisfeitas com seis horas, enquanto outras dormem nove horas. O fato de se levantar mais cedo deve respeitar sua necessidade pessoal de sono. É uma boa ideia considerar ir para a cama mais cedo e tirar um cochilo. Se faz muito tempo que você se deita e se levanta tarde, seu ritmo habitual será perturbado.

Em 1729, o cientista Jean-Jacques d'Ortous de Mairan constatou um fato surpreendente: ao manter uma planta no escuro, ele observou que o ciclo de "abertura e fechamento" das folhas continuava apesar da ausência de luz solar. Esse tipo de experiência foi repetido com diversas espécies vivas, plantas, animais, microrganismos. Antes dessa série de testes, parecia evidente que apenas as variações de luz e de escuridão do ambiente causariam esses efeitos. Descobriu-se assim que havia um fator interno de alternância de vigília/sono nos sujeitos observados.

Depois, nos anos 1940, o termo "circadiano" foi criado por Franz Halberg, biólogo romeno considerado um dos fundadores da cronobiologia moderna. O termo vem do latim *circa*, "cerca de", e *diem*, "dia", e significa literalmente um ciclo que dura "cerca de um dia". Mais tarde, o cientista fundou o laboratório de cronobiologia da Universidade de Minnesota.

Entre outros estudos, alguns mais recentes foram desenvolvidos com espeleólogos privados da luz do dia. Eles mostraram que, apesar de estarem isolados por várias semanas do ritmo ambiental luz/escuridão de 24 horas, os indivíduos continuavam mantendo um ciclo em que o repouso (sono) e a atividade (vigília) se alternavam durante um período de aproximadamente 24 horas. A persistência do ciclo vigília/sono, na ausência de mudanças cotidianas do ambiente, sugere que o ser humano tem um relógio biológico interno.

O ritmo circadiano, de aproximadamente 24 horas, é muito estável de um indivíduo para outro durante os diferentes períodos da vida. Ele encontra provavelmente seu funcionamento no âmbito da regulação de nosso relógio interno.

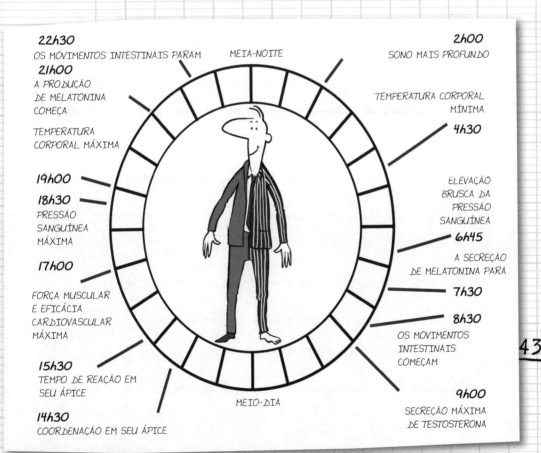

As referências médicas concordam com uma série de dez conselhos práticos para reequilibrar seu ritmo circadiano em casos de transtornos do sono:

1. Adotar um horário de trabalho regular;

2. Deitar-se quando o sono chegar;

3. Tirar um cochilo durante o dia;

4. Manter um bom nível de atividade física, abstendo-se de qualquer esporte intenso no fim da noite;

5. Evitar ler, assistir televisão ou olhar qualquer tela (**tablet**, **smartphone**, computador) antes de se deitar, ou comer na cama;

6. Planejar momentos de relaxamento, sobretudo à noite;

7. Evitar o abuso de tabaco, café, chá, refrigerantes, chocolate e álcool;

8. Evitar tomar drogas e medicamentos para dormir;

9. Dormir num ambiente calmo, escuro e fresco; privilegiar a iluminação de baixa intensidade;

10. Sair da cama quando surgir a frustração de não dormir.

A revista *Sciences et Avenir* compilou 300 artigos científicos sobre o sono. O número de horas de sono recomendado varia de acordo com nove faixas etárias: recém-nascidos (de 14 a 17 horas); lactentes (de 12 a 15 horas); bebês (de 11 a 14 horas); crianças pequenas (de 10 a 13 horas); crianças (de 9 a 11 horas); adolescentes (de 8 a 10 horas); jovens adultos (de 7 a 9 horas); adultos (de 7 a 9 horas); idosos (de 7 a 8 horas).

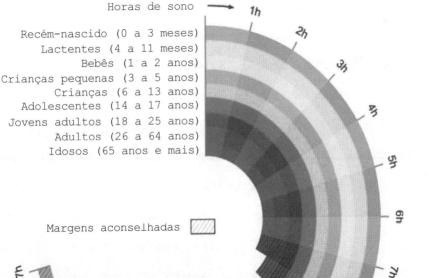

Cada um com seu tempo de sono
Número de horas de sono aconselhadas para cada idade para 24h

Source: National Sleep Foundation

O trabalho

Se seus horários puderem ser organizados, levantar-se mais cedo e logo começar seu dia de trabalho ajuda a evitar os engarrafamentos ou os transportes lotados. Ao chegar antes dos outros, você pode se dedicar a tarefas importantes sem ser interrompido. É do seu interesse esclarecer com seu gerente e com seus colegas as novas regras do jogo relativas a seus horários: "Começo mais cedo e termino mais cedo". Venda-lhes os benefícios desses novos horários.

Se seus horários são fixos e inegociáveis, levantar-se mais cedo permite que você fique mais sereno, pois chega ao trabalho num estado de descontração e de tranquilidade depois de ter aproveitado os benefícios das primeiras horas da manhã. Se você é um profissional que trabalha à noite – contraturno, espetáculos, agente de segurança etc. –, seu objetivo não tem sentido, a menos que você queira mudar de profissão. Observamos que, com a implantação das ferramentas digitais, o trabalho em casa se expande. Porém é conveniente nesse tipo de configuração adotar uma disciplina horária, pois você poderá tentar adiar suas tarefas para mais tarde. Nesse caso, seu atraso se acumulará e você rapidamente ficará sobrecarregado. Também é aconselhável esclarecer as regras do jogo com sua família, principalmente com seus filhos, que esquecem que você está trabalhando quando está em casa.

Os hábitos alimentares

Ao se levantar cedo, adote a dieta camponesa: "café da manhã de rei, almoço de príncipe e jantar de monge". Se você se levantar muito cedo, antes das 5h30, pode fazer uma pausa para um "lanchinho" às 10h, principalmente se o seu trabalho for físico.

Durante os primeiros três meses, estabeleça horários fixos para as refeições e cumpra-os. E, claro, quer se levante cedo ou não, evite ficar beliscando e comer "depressa".

Seus filhos

Talvez seus filhos estivessem acostumados e felizes por tomar o café da manhã com você. Eles ficavam encantados com o fato de você levá-los para a escola. Se decidir continuar fazendo as mesmas coisas com eles como antes, você perderá o benefício da diferença de tempo e, principalmente, não evitará os engarrafamentos e os transportes lotados. Você pode, no entanto, manter sua organização anterior para consolidar o principal benefício de se levantar cedo: ter um tempo só para você. E isso não muda em nada seus rituais matinais com seus filhos. Por que não compensar também sua ausência pela manhã com uma presença na hora do lanche da tarde?

Seu cônjuge

Você pode envolvê-lo(a) em seu projeto para que realizem juntos as mesmas atividades: ginástica, corrida e outras atividades.... E também não há nada que impeça de reservar algumas manhãs solitárias. Nesse caso, diga-lhe isso com jeitinho. O fato de mudar um de seus comportamentos habituais é, na melhor das hipóteses, uma necessidade de reajuste do relacionamento e, na pior, uma reativação de queixas subjacentes.

A sexualidade

Se você tinha relações sexuais em horários flexíveis, de acordo com momentos oportunos e desejos, o fato de se levantar mais cedo terá pouco impacto em suas relações amorosas. Por outro lado, se você costumava fazer amor por volta da meia-noite, provavelmente terá de ajustar os horários de afeto com (a) par-ceir(a), sem deixar de manter a espontaneidade de suas relações.

Concordo com uma hora mais cedo, não com uma hora a menos!

Atividades associativas e militantes, e também o esporte

Muitas atividades associativas e militantes acontecem à noite. O fato de se levantar mais cedo deveria levá-lo a "fazer uma faxina" em todas essas atividades. Isso não significa abandoná-las, mas reequilibrá-las. Como?

Por exemplo, continuando aquilo que para você parece essencial, mesmo que isso signifique negociar novos horários. Encontrar um esporte coletivo praticado de manhã vai ser complicado, mas não impossível.

Você pode se dedicar a atividades físicas individuais como a ginástica, a caminhada ou a corrida. É também a oportunidade de descobrir campos até agora desconhecidos, como meditação ou ioga.

As noites de festa com amigos

Se você e seus familiares adoram as noites de festa, levantar-se cedo torna-se um desafio. Dito isso, estar com os amigos não é necessariamente sinônimo de noitadas. Você pode substituir os jantares que começam às 21h por uma noite de

petiscos diversos e de aperitivos marcada para as 19h. Se tem o hábito de ir ao cinema na última sessão, vá na penúltima. Se você assistia a programas de TV noturnos, aproveite as reprises e os vídeos sob demanda.

Agora faça uma segunda experiência mais intensa do que a primeira

Durante duas semanas, sem exceção, levante-se 1 hora e 30 minutos mais cedo e vá para a cama 1 hora mais cedo. Escolha uma atividade regular para fazer pela manhã e pratique-a todos os dias dessa quinzena. À noite, jante meia hora mais cedo. Se possível, tire um cochilo de 20 a 45 minutos. Vá para a cama o mais tardar às 23h. Escolha espetáculos que comecem no máximo às 20h. Avise familiares e colegas nos quais você confia.

No final dessa quinzena, faça um balanço e tome sua decisão:
➡ Estou mais cansado?
➡ Estou menos cansado?
➡ Minha autoestima está melhor, pior ou igual?
➡ Que benefício me trouxe a atividade escolhida no início da experiência?

➡ Recebi incentivos das pessoas ao meu redor?

➡ Recebi gozações e críticas?

➡ Senti alguma diferença em meu relacionamento com as outras pessoas?

- Família;

- Amigos;

- Colegas;

- Gerente.

➡ Eu quero continuar?

- A que horas acordar?

- Que atividade?

➡ Quero retomar meu ritmo anterior à experiência?

5° tempo
Afirmar-se para se levantar cedo

Vamos apresentar aqui os métodos de esclarecimento e de ajuste com os outros. Uma abordagem de negociação vai ajudá-lo a encontrar um novo equilíbrio para implementar seu projeto de se "levantar cedo". Mas, antes, faça este autodiagnóstico, que esclarecerá suas capacidades para afirmar sua determinação.

Autodiagnóstico do seu nível de afirmação

Para cada uma destas dez situações, escolha qual seria sua atitude dominante. Responda o que você realmente faria ou pensaria, não o que lhe parece melhor.

1. **Considero que meu projeto de me levantar mais cedo é:**
   A. Imperativo e inegociável.
   B. Legítimo e conversável com meus familiares.
   C. Pessoal, quase egoísta.

Nunca é tarde demais para se levantar cedo

2. **Vou anunciar meu projeto de me levantar cedo da seguinte forma:**
   A. Desejo me levantar mais cedo e ver com você como podemos nos organizar.
   B. Não falo nada, levanto-me mais cedo e espero a reação dos outros.
   C. Anuncio que li este caderno de exercícios e que os benefícios de se levantar cedo são tantos que são indiscutíveis.

3. Se meus familiares reclamarem e apontarem quais são, para eles, os inconvenientes de eu me levantar mais cedo.
   A. Digo-lhes que são resistentes a mudanças e que gostam da rotina.
   B. Abandono meu projeto para evitar conflitos.
   C. Convido-os para que examinemos juntos uma maneira de encontrar compromissos aceitáveis para todos.

4. Depois de três meses, percebo que fui ambicioso demais e que realmente eu me levanto cedo demais.
   A. Lamento minha escolha.
   B. Explico aos outros minha ambição irracional e atraso um pouco meu despertador.
   C. Atraso um pouco meu despertador, mas não falo sobre isso para não sofrer o sarcasmo dos outros.

5. Consegui me levantar mais cedo, e já faz três meses, apesar das gozações e da ironia das pessoas ao meu redor.
   A. Declaro-me vitorioso(a) e digo-lhes que estavam errados.
   B. Digo a mim mesmo(a) que essa autodisciplina não vai durar.
   C. Ofereço-me para acompanhá-los se também quiserem tentar.

6. Meus familiares me elogiam por ter conseguido me levantar cedo durante três meses.
   A. Digo-lhes que teria sido melhor se tivessem me encorajado desde o início.
   B. Digo-lhes: "Obrigado(a), isso me deixa contente!"
   C. Digo-lhes: "Não é nada, é normal".

7. Um amigo que também quer embarcar num projeto de se levantar cedo me pede um conselho.
   A. Começo perguntando a ele: "Qual é o seu objetivo?"
   B. Aconselho-o a fazer exatamente como eu.
   C. Digo-lhe que sou incapaz de aconselhá-lo.

8. Perdi meu objetivo e depois de quinze dias volto aos meus hábitos anteriores. Digo para mim mesmo(a):
   A. "Ninguém me ajudou! Alguns até sabotaram meus esforços!"
   B. "Agora que constato meu fracasso, o que quero fazer então?"
   C. "Eu sabia que isso aconteceria"

9. Faz três meses que me levanto mais cedo e digo a mim mesmo(a):
   A. "Sou realmente o máximo!"
   B. "É normal"
   C. "Estou contente!"

10. Acho que esse tipo de teste:
   A. Me faz pensar sobre a minha situação.
   B. É complicado demais para mim.
   C. Não tem bases científicas sérias.

Como enfrentar as reações das pessoas ao seu redor?

Adiantar a hora de acordar pode produzir reações em seus familiares. Eles oscilarão entre gozações, sarcasmos, agressividade, inveja, admiração.... **A mudança da hora de acordar é ainda mais poderosa porque a maneira como administramos nosso tempo é, na verdade, uma maneira de administrar nossa vida**. Para enfrentar essa adversidade e agir com determinação, dispomos de três atitudes básicas: ofensiva, cordata e negociadora.

A atitude ofensiva

De acordo com essa atitude, você está certo(a) apesar de todos os obstáculos. Você está então determinado(a), e seu objetivo de se levantar mais cedo está acima das consequências desagradáveis para os outros. Você avalia que se levasse em conta os comentários e as sugestões das pessoas ao seu redor, demonstraria fraqueza. Você se informou sobre o assunto e tem provas da pertinência de sua resolução. Os outros só precisam se informar para entender seu projeto. Na maioria das

vezes, você consegue o que quer, mas sua atitude deixa algumas
sequelas relacionais. Algumas pessoas se sentem humilhadas
com seus argumentos implacáveis. Outras, não aceitando esse
estado de fato imposto, começam então a agredi-lo, até que
uma das partes ceda. Esse fenômeno de ataque/contra-ataque
é denominado "escalada simétrica".

A atitude cordata

Aqui você privilegia as boas relações humanas e seu relacionamento com os outros, em seu detrimento. Você tem o projeto
de se levantar mais cedo, mas ao menor comentário ou crítica
tende a desistir. Pouco importam os benefícios esperados
de se levantar cedo se, ao custo do abandono do seu projeto,
você preservar uma vida tranquila, sem queixas nem conflitos.
As outras pessoas, sabendo dessa sua inclinação ao sacrifício,
aproveitam-se dela e ficam satisfeitas. Muito prestativa(a),
muitas vezes você é confundid(a) com um(a) "banana". As
pessoas dizem que você é gentil, mas você é desrespeita-
d(a). De tanto adotar essa atitude, você passa a acredi-
tar que não é importante.

A atitude negociadora

Essa atitude consiste em conciliar na medida do possível seu objetivo de se levantar mais cedo com os interesses de seus familiares. Você é firme com relação a seus objetivos. Você argumenta com base em estudos, fatos e depoimentos a favor dos benefícios de acordar cedo. Você ouve os comentários e sugestões das outras pessoas e propõe ajustes práticos aceitáveis para todas. Você começa alcançando seu objetivo ao longo de, por exemplo, três semanas, e faz um balanço com seus familiares sobre o que poderia ser ajustado. E assim por diante, periodicamente. Se necessário, faça concessões: aceite uma noite de festa por semana, durma até tarde no domingo, reveja os horários das refeições.... Com essa abordagem, às vezes você estimula nos outros o desejo de embarcar num projeto semelhante.

Resultados de autodiagnóstico

Para cada situação, circule a letra correspondente à sua resposta.
Depois de ler o que foi dito acima, você pode imaginar que o ideal seria obter 10 pontos pela atitude negociadora.

Situação	Atitude ofensiva	Atitude cordata	Atitude negociadora
1	A	C	B
2	C	B	A
3	A	B	C
4	C	A	B
5	A	B	C
6	A	C	B
7	B	C	A
8	A	C	B
9	A	B	C
10	C	B	A
Total			

Dito isso:

➡ *Se obtiver de 6 a 10 pontos na atitude negociadora, você está realmente no caminho certo para encontrar soluções aceitáveis para todos, incluindo você, é claro. Seu objetivo de se levantar cedo provavelmente será compreendido e aceito por seus interlocutores. Você terá de fazer algumas concessões.*

➡ *Se obtiver de 6 a 10 pontos na atitude ofensiva, você é capaz, graças à sua implacável determinação, de atingir seu objetivo. Não se surpreenda, no entanto, pois é provável que surjam queixas e conflitos daqueles que o rodeiam.*

➡ Se obtiver de 6 a 10 na atitude cordata, você terá dificuldade para iniciar seu projeto. Quaisquer comentários, gozações, críticas e sugestões podem ser interpretados por você como um potencial rompimento com as outras pessoas. Você escolhe desistir em vez de arriscar confrontos.

Minha estratégia relacional

Dados meus resultados, como vou comunicar e agir de acordo com o meu objetivo de me levantar cedo?
➡ Com meus filhos;
➡ Com meu cônjuge ou companheiro(a);
➡ Com meu chefe;
➡ Com meus colegas;
➡ Com meus amigos.

Conclusão

Ao longo das páginas, dos exercícios, dos momentos de introspecção, dos conselhos práticos e da construção do seu plano de ação, espero que você realmente queira se levantar mais cedo e se sinta capaz de fazê-lo.

Certamente, sua determinação é necessária, mas busque pelo menos o incentivo de seus familiares e, na melhor das hipóteses, um acompanhamento engajado.

A mudança de rotina ao acordar repercute em toda sua vida e no relacionamento com os outros. Prepare-se para adaptar, ou até mesmo mudar, seus hábitos atuais. A transição entre o estado atual e o estado desejado vai essencialmente dar origem a desequilíbrios e turbulências. Confie em sua determinação, em seu corpo, em suas emoções e em seus instintos. Faça o seu melhor para que as pessoas ao seu redor sejam um apoio para você. Parabenize-se!

"Redescubra o bom senso popular que diz que aqueles que escolhem se levantar cedo aproveitam melhor a vida"

Jean-Louis Muller

Agradecimentos

Por testarem os exercícios e os autodiagnósticos, bem como pelas observações e sugestões, gostaria de agradecer: Anne Duhautbout, Francis Jacq, Eva Matesanz, Jean-François Moine, Stéphanie Muller, Anne Pallatin e Emmanuel Portanery.

Acesse a coleção completa em

livrariavozes.com.br/colecoes/caderno-de-exercicios

ou pelo Qr Code abaixo